SUPPLÉMENT

A LA

MONOGRAPHIE DE LA COMMUNE

DE

CARLUCET

PAR

J. MEULET

INSTITUTEUR PUBLIC

CHEVALIER DU MÉRITE AGRICOLE

MÉDAILLE DE BRONZE ET UN PRIX A L'EXPOSITION UNIVERSELLE DE 1900.

CAHORS

J. GIRMA, LIBRAIRE-ÉDITEUR

BOULEVARD GAMBETTA

1904

MONOGRAPHIE

DE LA COMMUNE DE CARLUCET

(SUPPLÉMENT)

SUPPLÉMENT

A LA

MONOGRAPHIE DE LA COMMUNE

DE

CARLUCET

PAR

J. MEULET

INSTITUTEUR PUBLIC

CHEVALIER DU MÉRITE AGRICOLE

MÉDAILLE DE BRONZE ET UN PRIX A L'EXPOSITION UNIVERSELLE

DE 1900.

CAHORS

J. GIRMA, LIBRAIRE-ÉDITEUR

BOULEVARD GAMBETTA

1904

INSPECTION
ACADÉMIQUE
DU LOT

UNIVERSITÉ DE FRANCE

Cahors, 23 mars 1904

L'*Inspecteur d'Académie du Lot à Monsieur Meulet, Instituteur à Carlucet.*

J'ai lu avec un vif intérêt le supplément à la Monographie de la commune de Carlucet, que vous m'avez envoyé. Je vous félicite d'avoir tiré un si bon parti des archives de la commune. Tous les habitants de Carlucet liront avec plaisir ce que vous dites de leur petite patrie. Vous-même aurez utilisé vos loisirs d'une façon intelligente et digne d'éloge.

Je vous adresse mes bien sincères félicitations, ainsi que l'a fait, il y a treize ans, mon prédécesseur, M. Rémond, au jugement duquel je souscris entièrement.

L'Inspecteur d'Académie,
ROQUES.

INSPECTION
PRIMAIRE
DE GOURDON

UNIVERSITÉ DE FRANCE

Gourdon, le 26 mars 1904.

L'Inspecteur primaire de Gourdon à Monsieur Meulet, Instituteur à Carlucet.

Je ne puis que m'associer aux félicitations que vous adresse M. l'Inspecteur d'Académie dans la lettre ci-jointe.

J'ajoute qu'il serait vivement à désirer que votre exemple fût suivi par un nombre de vos collègues. Ainsi l'histoire de la Nation française pourrait se dégager peu à peu de ces travaux où seraient consignés la naissance et le développement de nos communes rurales et urbaines.

A l'histoire des rois, on pourrait substituer alors l'histoire du peuple.

L'Inspecteur primaire,

VILLADIEU.

AVANT-PROPOS

Les encouragements très flatteurs de nos bienvaillants Chefs, Monsieur Roques, inspecteur d'Académie et Monsieur Villadieu, inspecteur primaire, auxquels nous adressons nos hommages de reconnaissance, nous décident à publier les notes qui font suite à la Monographie de la commune de Carlucet.

Nos élèves et leurs générations y verront, d'un coup d'œil, leur pays et même leurs ancêtres. Ils sauront autant qu'ont pu nous l'apprendre de vieux registres et de vieilles traditions, ce que fut dans la suite des âges ce Carlucet, toujours aimé de ceux qui y virent le jour et des étrangers que des alliances y amenèrent. Ils voudront lui rester fidèles, passer leur vie sur la terre de leurs aïeux et autant que possible, sous le toit qui les a vus naître. Leurs pères aussi trouveront quelque plaisir à reconnaître dans ces pages leur pays, leur village, presque leur maison, leurs contemporains et ceux qui les précédèrent dans la vie.

Pour nous, la pensée d'avoir été agréable et de n'avoir pas été inutile à nos chers élèves et à toute la commune de Carlucet, nous paraîtra une ample récompense de tous nos efforts. Plus heureux encore serons-nous d'espérer qu'à force d'activité et d'intelligence, les nouvelles générations donneront à leur petite patrie un nouvel aspect et une plus grande fécondité.

Carlucet, le 1er juillet 1904.

MEULET

MONOGRAPHIE

DE LA

COMMUNE DE CARLUCET

(SUPPLÉMENT)

Division du sol de la commune.

A surface totale de la commune de Carlucet est de 3370 hectares, répartis à 344 propriétaires dont 9 de 50 à 800 hectares; 30 de 10 à 50 hectares et 305 au-dessous de 10 hectares.

63 propriétaires sont domiciliés hors de la commune et représentent ensemble une superficie de 290 hectares, ce qui laisse 3080 hectares pour les 560 habitants de Carlucet, soit juste 5 hectares 1/2 pour chacun.

Les grands domaines diminuent le rapport de la population avec la surface. Les contenances des biens communaux est de 8 hectares 41 ares, presque tout en friche ; ils servent de pacages aux animaux des villages où ils se trouvent.

Mobilité de la propriété.

Le 19 avril 1790, la liste des propriétaires domi cifiés dans la commune fut arrêtée à 156 (Voir page 41 (1) de la Monographie). L'accroissement du nombre des propriétaires, dû en grande partie au partage des successions, a diminué la contenance et les revenus d'une certaine classe.

Le 25 mars 1789, un domaine de la commune, de 185 hectares, était vendu 12.000 livres (2) et loué 200. Le 14 novembre 1818 on l'achetait 41,000 fr. et on l'affermait 850, le 24 mai 1884, il était payé 82.000 fr. et affermé 2.200 fr.

Actuellement, la même contenance est affermée 1600 fr. Sans reprocher au propriétaire d'avoir donné un trop grand luxe aux bâtiments d'exploitation qui étaient en fort mauvais état, constatons qu'il y a fait de grandes dépenses et que toutes les habitations sont aujourd'hui bien aménagées. Comme on le voit plus haut, il y a eu démembrement de la propriété, surtout depuis une vingtaine d'années. Autrefois l'aîné de la famille gardait

---

1 *Le chiffre entre parenthèse indiquera toujours la page* de la Monographie de Carlucet.

2 Ancienne monnaie qui valait 20 sous.

toute la propriété et comptait des écus à ses frères cadets ; aujourd'hui on se partage la terre.

Morcellement du sol.

Le territoire de la commune est divisé en 3086 parcelles (1), rarement elles sont petites dans les domaines. Sans pouvoir préciser le nombre qu'il y avait avant 1789, nous savons qu'il a considérablement augmenté et nous en avons donné la raison.

Dans le partage des successions on subdivise encore les parcelles depuis que l'agriculture est si peu rémunératrice.

Celui qui cherche à éviter le morcellement, à arrondir sa propriété s'en trouve toujours mal. Nous en connaissons plus d'un qui, au lieu d'être l'aîné, se trouve un maigre cadet. Généralement les habitants de Carlucet sont assez intelligents et bons voisins pour faire échange des parcelles lorsque l'occasion se présente. Aussi dans la grande culture toujours et dans la moyenne souvent, toutes les propriétés sont contiguës, d'nn seul ténement. Chaque article est entouré de murailles, ce qui facilite la garde des troupeaux et évite les contestations si fréquentes dans les cantons voisins.

---

(1) Section A de Graule 554.—Section B de Rocabilière 401 — Section C de Bigues 219.— Section D de St-Pierre 290. — Section du Sol del-Pech 333. — Section F de Carlucet 1009.— Section G de Beaussac 280.

Situation générale de la culture dans la commune.

Le bail se passe presque toujours pour une durée de six ans, avec la clause que les deux parties auront droit de se quitter après deux années d'essai, ordinairement le cheptel est fourni par le bailleur. A l'entrée, l'estimation est faite par deux experts, elle comprend tous les animaux de la ferme : charrettes, tombereaux, charrues, jougs ; en un mot, tous les outils aratoires servant à l'exploitation du domaine. A l'expiration du bail, il est procédé à une nouvelle estimation. Le preneur, s'il est fermier, doit d'abord faire la somme de la première estimation, le surplus lui appartient totalement. Le métayer supporte la moitié de la perte s'il y en a, et il a droit à la moitié du bénéfice.

Le premier peut augmenter le cheptel dans le courant du bail, mais il ne doit jamais le diminuer. Généralement une clause du bail permet au propriétaire de tout garder à la sortie du preneur en remboursant le montant de l'excédant.

Jusqu'à ces dernières années, le preneur a payé au propriétaire un intérêt calculé à 4 0/0 sur la valeur de la moitié du cheptel lorsqu'il n'a pas fourni sa moitié.

Outre le montant du fermage qui est réglé en deux fois, à la Saint-Jean et à la Noël, le fermier donne 4, 6, 8, 10 paires de poules ou de poulets et

200, 400, 600, 800 œufs suivant l'importance du domaine. Il s'engage à faire tous les charrois ordinaires du bailleur, à lui travailler les terres réservées, à la condition cependant qu'elles ne soient pas trop grandes, à lui fournir les fumiers nécessaires, à lui cuire son pain, à lui laisser prendre l'eau aux citernes ou à la lui tenir en cas de sécheresse, à lui nourrir son cheval, etc.

Il prend de plus l'engagement de se conduire en bon père de famille, de respecter les taillis, de ne changer jamais les assolements. Un état des fourrages, des fumiers, de tous les articles non compris dans l'estimation, est dressé et rendu en même quantité et même nature.

L'état de la culture des champs, de la clôture des articles du domaine est également fait.

Le tout doit être rendu en l'état reçu après que toutes les récoltes ont été perçues par le preneur.

Pour le métayage on procède de la même manière en ce qui concerne l'estimation. Ici tous les produits sont partagés par égale part ; la truffe reste néanmoins toute au propriétaire.

Les pommes de terre, raves, betteraves sont laissées au métayer, c'est pour nourrir les porcs, les agneaux. Les grains donnés aux animaux sont fournis par moitié. Le charron, le forgeron et tous les ouvriers appelés pour l'entretien des édifices sont payés par le bailleur et nourris par le preneur. Tous les frais de culture et de clôture sont à la charge du preneur. Dans les deux cas, le droit de chasse reste au bailleur. Depuis longtemps on n'a pas, malheureusement, à insérer de clauses à l'endroit de la viticulture.

De l'habitation du cultivateur.

Dans la commune il y a 254 maisons dont 238 habitées par le maître, 10 par des locataires, les autres sont vides ; il y a moins de 3 habitants par maison. Quand un cultivateur loue au même propriétaire une maison et des terres tout est compris dans le même prix.

Progrès agricoles.

Les progrès agricoles, en ce qui concerne les instruments aratoires et même pour tout le reste viennent lentement. M. Mayzen, habile industriel, a cependant introduit à Carlucet quatre machines à vapeur ; elles font le dépiquage des céréales dans la commune et dansles environs. Plusieurs propriétaires et fermiers ont fait chacun l'acquisition d'une moissonneuse qui, sans exagération, fait le travail de 15 ouvriers.

Les habitudes culturales restent à peu près les mêmes. Il faut cependant reconnaître que la majorité des cultivateurs ne se règle plus aujourd'hui comme autrefois, sur les phases de la lune. Mais en général le mode de culture reste insensé : la terre réservée au froment par exemple, donne en moyenne 2, 3 fois la semence, jamais 4. Où sont donc les frais d'exploitation ? L'exemple aurait plutôt raison de cette vieille routine que la science, mais personne ne prend l'initiative.

Si un agriculteur se mettait à semer seulement les 2/3 de ses terres, les plus maigres en esparcette, le reste lui donnerait plus de récolte avec moins de semence et moins de travail. Ce système permettrait de se passer d'un domestique et diminuerait aussitôt de 250 francs au moins les dépenses sans compter la nourriture. L'avantage est si palpable que nous ne désespérons pas de le faire comprendre.

Pourquoi ne pas faire plus de place aux fourrages dans ce pays, où grâce à un choix judicieux des reproducteurs de moutons, on tire déjà un si bon parti des terres arides, incapables de donner autre chose que des pâturages ?

A ces revenus fournis par les troupeaux on pourrait ajouter celui que donne la truffe dans les pays où on la cultive avec intelligence.

L'agriculture marche vers la ruine, mais si nos habitants savent mettre en pratique les sages conseils que l'honorable M. Quercy, professeur d'agriculture, est venu donner le 19 mars dernier (*a*), on

(*a*) Le 19 mars M. Quercy, ingénieur agricole, professeur départemental d'agriculture du Lot, faisait une conférence à Carlucet.

s'arrêtera sur cette pente ; l'aisance et même la prospérité reviendront.

Pour notre part, soit au champ d'expérience que l'Administration a bien voulu nous confier, soit à l'école, nous ne négligeons rien pour mettre nos chers cultivateurs dans cette voie et les y maintenir.

Nous ne cesserons de recommander la tenue de la comptabilité agricole trop délaissée et cependant si importante et si profitable.[1]

Condition morale et matérielle du personnel de la grande, de la moyenne et de la petite culture.

Malheureusement, le cultivateur croit trop souvent en savoir assez pour exercer sa profession, et par suite, ne songe pas à acquérir les connaissances

---

L'honorable professeur apporte un gros livre, récompense qu'il remet aux élèves pour leurs travaux dans le jardin de l'école.

Il les félicite publiquement des réponses qu'ils lui faisaient dernièrement sur les sciences naturelles applicables à l'agriculture.

A 1 heure, sous la présidence de M. le Maire, il entame son sujet devant un nombreux auditoire. Tout ce qui peut intéresser les agriculteurs de la région est passé en revue : guerre à la routine agricole, culture des céréales ; soins à donner au fumier, élevage des bêtes à laine ; pâturages ; culture de la truffe, de la noix, etc.

A 3 heures, l'orateur finit son discours. Les auditeurs, qu'il a vivement intéressés, ne lui ménagent pas leurs remerciments : Ils se retirent bien décidés de mettre en pratiqus les sages conseils qu'ils viennent d'entendre.

nécessaires. Nous avons l'espoir que les sciences naturelles pour lesquelles généralement les élèves ont beaucoup de goût, seront mises à profit par les générations nouvelles, et qu'en sortant de la routine, elles se procureront des revenus jusqu'ici inconnus qui permettront d'apporter à nos pauvres champs les améliorations qu'ils réclament.

Nourriture.

Sous le rapport du bien-être, il s'est opéré un changement notable. Reculons de 35 ans, et nous trouverons, même parmi les meilleurs propriétaires une nourriture que nos animaux «refuseraient» pain mal préparé de maïs, d'orge, de baillarge, d'avoine, de rebuts de blé, soupe non salée, *fouasses* (1), crêpes, gaufres de vilaine apparence et de mauvais goût. Nous avons connu un ménage composé de 11 personnes qui, dans le cours de l'année 1860, employa un seul pot de graisse de 25 livres et 2 quartons (40 litres) de sel.

Heureusement on eut l'eau à discrétion !

Actuellement tout le monde se nourrit bien. Tant que la vigne a duré on a eu du vin à tous les repas. Depuis on prépare avec de la graine de genièvre et des raisins secs une boisson agréable. La plupart mangent de la viande, et le dimanche, ils boivent leur

(1) Pâtisserie de blé noir.

bouteille de vin. Dans les villages c'est peut-être moins bien, mais dans le bourg, le plus grand nombre de familles croirait avoir mal dîné si un bon café ne terminait le principal repas, celui de midi.

Vêtements.

Le luxe du vêtement a dépassé encore celui de la table, surtout chez la femme. Trop souvent il est difficile de faire la différence de la jeune fille aisée, même riche, avec l'indigente. Ce n'est que la vérité, qu'on ne nous en veuille pas de le dire.

Qu'il est loin le temps où, se rendant à la foire ou à la messe, elles portaient leurs souliers sous le bras jusqu'à l'entrée de la ville ou du village. Aujourd'hui chaque bergère a sa montre dans le gousset !

Logement.

L'hygiène a eu sa large part dans le progrès ; les maisons sont proprement tenues. Autrefois elles n'étaient blanchies à la chaux qu'à de rares intervalles, à la mort d'un membre de la famille. Aujourd'hui cette opération se fait une fois par an, à l'approche de la fête patronale.

Les fenêtres étaient à peine fermées par de mauvais contrevents, à présent, rares sont celles qui ne sont pas garnies de rideaux blancs.

Récréations.

Notons, en passant, une plaisanterie assez piquante. Il y a eu 19 ans le 16 février dernier, une femme d'une commune voisine, après avoir de ses griffes conjugales, labouré le visage de son mari, l'avait pardessus le marché, fait coucher à la belle étoile.

Le dimanche suivant, qui était le dimanche gras, les jeunes gens, pour relever l'honneur de leur sexe si honteusement déchu, se présentèrent avec un âne sur lequel ils installèrent le mari, tenant d'une main une quenouille garnie d'étoupes, et de l'autre la bride du baudet.

Le riant cortège eut assez tôt parcouru toute la commune pour être devant la porte de l'église à la sortie des vêpres.

De nos jours pareil jeu trouverait peu d'approbateurs.

Les quilles sont les distractions en usage. Quelque peu les cartes que nous combattons de notre mieux.

Stabilité de l'exploitation.

Nous l'avons déjà dit, les domaines sont loués pour six ans. Autrefois les preneurs faisaient ordinairement plusieurs baux ; à présent c'est plus rare. Cependant la famille Boy exploite, depuis 1858, de père en fils, le domaine du Sol-del-Pech, appartenant à M. Calmon-Maison, conseiller général, chevalier de la Légion d'honneur.

Condition de l'ouvrier agricole.

Les domestiques s'engagent pour l'année entière qui commence le 1er juin ; leur salaire varie suivant l'emploi : le bouvier et le berger ne gagnent pas moins de 300 à 350 francs, les autres varient entre 250 et 300.

La journée de l'ouvrier se paie de la Toussaint à fin février 1 fr. 25 et du 1er mars à fin octobre 1 fr. 50. Dans les deux cas les ouvriers sont nourris.

La journée grosse (ils se nourrissent) est de 1 fr. 50 l'hiver et de 2 fr. le reste de l'année, non compris le temps de la moisson.

Les fagots, bois de chauffage, se font à la tâche de 2 à 2 fr. 50 le cent, y compris le nettoyage, buissons, bois rempants.

Les ouvriers du pays étant de plus en plus rares ne suffiraient pas ; les cultivateurs vont à Gourdon, à Labastide-Murat, à Gramat louer des *Bourrionens* pour faire la moisson. Les moissonneurs gagnent de 2 fr. 50 à 4 francs par jour.

L'emploi des machines agricoles n'influe pas sur les salaires qui ont doublé depuis 1870. Le rendement des récoltes étant moindre et les impôts plus lourds, certains cultivateurs sont découragés. Ils attendent la bienveillance du Gouvernement qui, dans la mesure du possible, ne leur fera pas défaut. En attendant nous ne cesserons de leur crier de faire de l'agriculture raisonnée.

Nous retiendrons tant que nous le pourrons les jeunes gens dans le pays. Jusqu'ici nous avons la satisfaction d'avoir assez bien réussi. Les maisons ne sont pas fermées, les villages ne sont pas désertés comme dans quelques communes des environs.

Dans le cours de notre carrière déjà longue, nous avons toujours donné une couleur agricole à l'enseignement, et par des exemples, montré aux enfants l'intérêt qu'ils ont de rester dans leurs familles. Notre sympathie pour l'agriculture a redoublé depuis que nous la voyons souffrante.

En agissant ainsi, nous croyons faire une œuvre non seulement utilitaire, mais encore morale et patriotique ; *morale*, car dans les campagnes on rencontre ordinairement les mœurs les plus pures ; *patriotique*, parce que c'est de là que sortent les meilleurs soldats et les ouvriers les plus vigoureux et les plus résistants.

Si l'émigration est arrêtée nous ne voulons pas toutefois nous en attribuer tout le mérite, une autre chose y a beaucoup contribué, c'est un genre d'industrie dont Carlucet semble avoir le monopole et qui aide puissamment le bugdet des familles. Je veux parler de la vannerie connue ici de temps immémorial, de la fabrication des paniers pour l'expédition de la truffe, de belles corbeilles, de ces magnifiques paniers dignes de figurer dans une exposition. Ces articles font l'objet d'un commerce important, ils sont faits de tiges de noisetier. La matière première n'est pas chère et ne manque pas, elle croît abondamment, dans les bois de la commune. Les grands propriétaires l'abandonnent gratuitement à la classe pauvre qui sait si bien en tirer parti : femmes et enfants, tout le monde fait paniers et corbeilles.

L'écoulement de cette marchandise est facile, c'est par charretées que paniers et corbeilles sont portés aux foires de Gramat et de Labastide-Murat, les panières à truffe sont achetées toutes les semaines par des négociants de la commune qui trouvent ainsi moyen de faire leurs propres affaires en faisant celles des autres.

On voit des ménages composés de femmes, de vieillards, d'infirmes, d'enfants incapables de se livrer à un autre travail, gagner leur pièce de 3, 4 fr. par jour.

Industrie laitière.

Ici l'industrie des petits fromages est très ancienne: L'acte d'emphytéose de 1451 (page 77), dit qu'à cette époque le monastère d'Obazine (1) avait droit à un dixième des fromages de Carlucet.

(1) Ou Aubazine.

Il y a donc longtemps que ce commerce est une ressource spéciale pour la région du Causse qui livre ses fromages sous le nom de fromages de Rocamadour.

Ceux de Carlucet, du Bastit, de Couzou sont à peu près les seuls qui méritent cette grande réputation. Leur valeur et leur renom résultent de la nature des plantes aromatiques pacagées par les bêtes à lait, et aussi beaucoup de la manière de les préparer.

Les fromages de vache (il s'en fait très peu à Carlucet) sont d'une qualité tout à fait inférieure à ceux de brebis et de chèvre surtout. La différence est sensible dans l'apparence, mais encore davantage dans le goût, le fromage de chèvre est très supérieur à tous les autres.

Dire que chaque jour de l'année, il ne sort pas en moyenne moins de mille fromages de Carlucet suffit pour donner une idée du mouvement qui règne dans chaque ménage. Entrer dans les détails pour expliquer cette industrie serait trop long ; d'ailleurs, pour donner une juste idée du travail, du soin, de l'adresse, de la propreté que tout cela demande et du revenu qu'on en retire, il faudrait soi-même en être témoin.

Vagabondage.

Il passe ici, et fréquemment trois catégories de vagabonds ou cheminaux, à classer ainsi : *bons, passables, dangereux*. Les premiers exercent diverses professions : repasseurs de couteaux, de ciseaux, de rasoirs, rétameurs, ramoneurs, etc. Ils reparaissent à des époques régulières, tout le monde les connaît. Cette classe est plutôt utile que nuisible.

Quelques passants de la seconde espèce sont ordinairement vêtus de longues redingotes et *marquent mal;* ils nous arrivent au printemps comme les hirondelles ; ils sentent la prison où ils ont passé l'hiver. Ce sont les ennemis des propriétaires laborieux auxquels ils vont pourtant demander l'aumône. Trouvent-ils une poule, un canard à l'écart, ils l'enlèvent et visitent même les poulaillers.

Les individus de la 3e catégorie, heureusement rares, sont encore plus redoutables, il s'agit de récidivistes incorrigibles, paresseux, ivrognes, ils sont incapables d'exercer un métier. De préférence ils visitent les fermes isolées au moment où il n'y a que des femmes, des vieillards ; ils entrent sans gêne dans les maisons, tout les arrange.

Repoussés, ils ne reculeraient pas devant l'incendie, le meurtre, les attentats de toute nature.

Une loi en faveur des indigents honnêtes, sévère

contre les brigands, serait seule capable d'arrêter le vagabondage, terreur des campagnes.

En accédant à ce vœu que nous nous permettons d'émettre, le gouvernement rendrait un service signalé au pays, le débarrasserait de parasites fort gênants.

Gens de guerre.

« Du 7 janvier 1675. — Mourut François Broue, dit Saint-Martin de Picardie, soldat dans le régiment du comte de Chambert, logé en ce lieu en quartier *d'hyver*, à la métairie appelée la Jamone, paroisse de Carlucet, après avoir reçu tous les sacrements, son corps fut *ensevely* dans le *simitière* de la paroisse. Les honneurs furent faits par nous curé sous-signé. Présents : MM. Corbérant, vicaire ; Antoine Aymar, sacristain et Jhean Engélibert non signés : Bru, curé ».

Dans les minutesdu notaire de Bouzon, nous lisons un testament du 15 janvier 1677 du soldat Pierre Tournelier du lieu de Roumay en Santerre (Picardie), appartenant à Monseigneur l'évêque d'Amiens, à présent cavalier dans le régiment du comte de Chambert, de la compagnie d'Augny, logé en quartier *d'hyver* dans le lieu de Carlucet. Le testateur était couché dans un lit de la maison Géraud Delmas, cordonnier à Carlucet. Il légua à ses deux filles, de sa première femme, une journée de terre située dans la *sole* de Mauricour, et à sa 3e fille, de la seconde femme, la somme de 10 livres : Son épouse, Marie Baudouyn, fut héritière universelle. Bouzon, notaire. »

Extrait du cadastre de 1668, 1er feuillet, v. page 32. « A l'extrémité de la paroisse de Carlucet il y a une *églize* et un *similière* joignant, appelé Saint-Pierre d'Autesserre, confrontant avec terre de Jhean Cabanel et avec terre des héritiers de Jhean Singlande, marchand, contenant 5 cartonnées (1) ». (v. plan cadastral, section de Saint-Pierre n° 70).

« *Rolle de la taille. Année 1706* », page 34. Imposition spéciale de 407 livres par ordre de M. le Gendre, intendant de la généralité de Montauban pour fournir aux troupes de cavalerie, gendarmerie et dragons, en quartier *d'hyver* distribués dans l'élection de Figeac, Carlucet fut encore mis à contribution pour le logement de quelques soldats pendant les mois de novembre et de décembre 1705, janvier et février 1706. Les quittances imprimées portent le nom de Bonhomme, trésorier des troupes de Jhean Lagonte chargé des fournitures des fourrages aux troupes. Montant du *rolle* de Carlucet 1707 : 695 livres. »

1° Cartonnée, ancienne mesure de 6 ares 75 centiares.

« *Collecteurs* »

Rarement les collecteurs étaient suffisamment instruits pour tenir une comptabilité en règle et se mettre à l'abri des soupçons des contribuables plus ou moins de bonne foi.

Le collecteur Bressol, en 1757, émargeait les rôles d'abord par un trait horizontal. — Quand la taxe était tout à fait payée, il coupait ce trait par une verticale | :•┼, cela s'appelait *croiser* le rôle, expression encore usitée qui signifie quittance finale.

Le collecteur Garrigues (1758-1759), qui ne savait pas tenir une plume, employait un autre moyen.

Quand le contribuable payait une partie de sa cote, il faisait une entaille dans deux morceaux de bois juxtaposés de manière à faire coïncider les encoches. Un morceau restait entre les mains du contribuable, l'autre entre celles de Garrigues. Nous tenons ce détail de Badaynet, vieillard décédé en 1891 à l'âge de 91 ans. Son père lui avait montré une de ces curieuses quittances.

Juges de la cour du Mont Saiute-Marie-Alix.(p. 23).

Outre la « Reconnaissance du 7 mai 1651 », page 86 de la Monographie, nous avons lu des jugements qui font honneur à *messyre* Antoine de Bouzon. Ce juge, né au château de Laconté, le

19 avril 1606, était fils de Jhean de Bouzon et de Jheanne Lassarladie.

IIe juge.

Messyre Jacques de Bouzon né aussi au château de Lacomté, le 13 avril 1638 succéda à son père. Il mourut le 30 du *moy* d'août 1693 et fut enterré dans le tombeau de ses ayeuls dans l'église de Carlucet.

IIIe Juge.

Messyre Jhean de Bouzon, comme ses prédécesseurs naquit au château de Lacomté. Il remplaça messyre Jacques, son oncle, dans les fonctions de juge, et il les remplit avec dignité pendant 68 ans. Le 27 *may* 1761, il était inhumé dans *l'esglize* de de Carlucet, âgé de 92 ans.

IVe juge.

M. Guillaume Calmon, né au Sol-del-Pech, le 5 janvier 1745, avocat, remplaça le dernier des Bouzon.

Dans son acte de mariage, du 27 novembre 1763 avec Mlle de Caors de Péchaud, commune du Bastit comme dans les actes de naissance de ses enfants et dans de nombreux accords qu'il fit, il est qualifié du titre de juge royal de la cour du Mont Sainte-Marie-Alix jusqu'en 1790.

A cette date, une immense majorité de suffrages le fit membre de l'Administration du département du Lot. Il devint l'un des 8 membres en composant le directoire. Ses connaissances et son esprit d'intégrité le signalèrent aux yeux de ses compatriotes, qui, cette même année, l'envoyèrent comme un de leurs représentants à l'Assemblée législative. Il siégea toujours dans le parti modéré.

Quand cette Assemblée fit place à la Convention, Calmon redescendit dans la classe des simples citoyens.

En 1796, il fut investi de la présidence de l'Administration centrale du département. Il devint plus tard président du tribunal civil de Gourdon.

Bourg.

Le bourg situé sur une petite éminence, a une grande rue sur laquelle s'en embranchent deux petites : +, croix au fond de laquelle sont les écoles, la mairie et l'église paroissiale qui a pour patronne sainte Magdeleine. C'est une forme d'entonnoir dont le tuyau va joindre le grand ruisseau de Louysse (1).

Au milieu de la place publique, ombragée par un gros tilleul au tronc éventré par les ans et la

---

(1) Louysse, ruisseau formé par deux sources, Cabouy et Saint-Sauveur qui surgissent dans la commune de Calés, porte bâteau à sa naissance.

Après avoir donné le mouvement à une filature et à plusieurs moulins, grossi de l'Alzou qui arrose Gramat, se jette dans la Dordogne sur le territoire de Lacave, au pied de Belcastel, non loin de Blanzaguet.

rigueur des *frimas*, se tiennent la fête votive (22 juillet) et 3 foires par an. Celles des 3 et 26 mai, renommées pour les bêtes à laine, celle du 5 novembre pour les porcs. Elles furent autorisées par décret du 7 juillet 1808. D'après le cadastre de 1668 la superficie de cette place est de deux puniérées (1).

En 1790, le bourg avait 81 maisons habitées par 295 habitants. Actuellement (dénombrement de 1901) il y a 64 ménages et 215 habitants. C'est le centre d'un commerce actif, les deux Meysen, cordonniers de réputation, occupent toute l'année 4 ouvriers chacun. Il y a 2 carrossiers, 2 menuisiers, 2 charpentiers, 1 forgeron, 1 tailleur, 4 maçons, 3 robeuses, 2 modistes, 2 marchands drapiers, 4 épiciers, 2 hôtels, 2 cafés.

Cimetière (v. page 31)

1904. — Le 11 mars, Delpon François, maçon à Carlucet, est adjudicataire pour l'agrandissement et la reconstruction des murs du cimetière avec un rabais de 4 fr. 25 o/o. Le montant du devis, dressé par M. Granet, agent-voyer à Saint-Germain, est de 2,280 fr. 56. La porte d'entrée en bois de chêne, y est comprise pour 48 francs.

---

(1) La sesterée valait 54 ares 02 centiares. La puniérée valait 1 are 35 centiares.

Bigues.

En 1668, ce village appartenait en grande partie à noble Jhean de Jaubert de Lascabanes. Il y avait encore 3 petits propriétaires : Armand Cambonie, 36 sesterées ; Annet Cambonie, 21 sesterées ; Pierre Aymard, 3 sesterées.

Gilet.

Ce domaine, du nom de Malpech, en 1605 avait une contenance de 145 sesterées et il était la propriété de *Jheanne* Boudet, veuve Singlande. Sa superficie actuelle est de 127 hectares, M. Murat, gendre Vizy, en est le propriétaire.

Granges.

Le nom de Bouzon, dans ce village, remonte à la « Reconnaissance de 1451 » (v. p. 86).

Au cadastre de 1668, nous y trouvons 4 propriétaires : Antoyne Bouzou, 220 sesterées ; Géraud Bouzou, médecin, 190 sesterées ; Jhean Bouzou, laboureur, 110 sesterées ; Jhean-Pierre Bouzou, *majoral*, 15 sesterées.

Lacomté.

L'arpentage de ce domaine figure le premier au cadastre de 1668 (v. page 93).

Voici l'extrait :

« Noble Ambroise de Beaumont, seigneur de Lacomté, tient dans le taillable de Carlucet un *Repeyré*, appelé Lacomté, composé d'un château avec tours et gabions, basse-cour et écuries et un détaché de la principale maison, four, jardin, granges et étables et à la suite, des terres labourables chènevières, vignes, bois tout joignant et contigu. Et sur une éminence de ce *Repeyré* y a un moulin à vent. » (1).

Dans lequel *Repeyré* passent plusieurs chemins publics confrontant avec le Frau de Terre-de-Prat, acquis par Monseigneur de Lacomté des habitants de Montfaucon, contenant l'entier domaine 318 sesterées, réduit à terre bonne 75 sesterées y compris moulin. »

Le château de Lacomté, resté très longtemps en ruines, a été magnifiquement restauré. Il est habité quatre ou cinq mois de l'année par Madame la générale veuve Cœuret de Saint-Georges et ses enfants. Les pauvres sont l'objet des plus grandes attentions de cette illustre famille.

Laquet.

Le propriétaire du petit domaine de ce nom, au cadastre de 1668, était M. Guillaume Singlande,

(1) Ce moulin est en très bon état de nos jours.

praticien et greffier de Carlucet. Nous l'avons déjà dit, ce village semble tirer son origine du lac qui s'y trouve.

Lastuilières.

En 1668, ce lieu ne formait qu'un domaine, il appartenait à Marie de Cordie veuve Singlande, 168 sesterées réduit à 26 de bonnes.

Bénitier.

Sur le chemin rural de Carlucet à Gramat, près du village de Saint-Pierre, au lieu appelé le Bénitier, se trouvait d'après les anciens une forte pierre levée et creuse, en forme de bénitier. Les monticules qui s'y voient encore laissent croire à un tumulus avec dolmen. On parlait aussi d'un lieu de sacrifices des druides. Quoi qu'il en soit, c'est encore un lieu vénéré où les passants ont fait longtemps des signes de croix, des prières. Les vieillards de la localité y récitent encore force chapelets.

« *ESGLIZE de Saint-Crépin* ».

De cette église, située à 1 kilomètre environ de Carlucet, du côté de Montfaucon, nous ne trouvons d'autres traces que le testament d'un certain Géraud Dupuy, logé dans une grange à côté de *l'ésglize* Saint-Crépin.

Ce testament fut reçu par Me Jhean Andrally, notaire à Carlucet, le 19 septembre 1563.

Si l'on fouillait le lieu où l'on suppose qu'était cette église, on ne manquerait pas de découvrir ses fondements et le *simitière y joignant* (v. cadastre 1668), comme on fit à Saint-Pierre (v. page 32).

Le puits Saint-Crépin, aujourd'hui à peu près comblé de pierres, avait une profondeur d'environ 4 mètres, et il résistait à toutes les sécheresses. Badaynet (v. p. 13), nous a raconté que chacune des années 1804 et 1836, années extraordinairement sèches, le 15 août, on y était allé en procession pour demander la pluie. Le prêtre y trempait la croix, les fidèles étaient exaucés ; en rentrant chez eux ils étaient mouillés jusqu'aux os.

Notaires (v. page 59).

En 1538, nous trouvons le châtelain Bouzon de Lacomté exerçant les fonctions de notaire. Ses écrits rédigés en latin finissent en 1555.

Jhean de Bouzon.

Jhean de Bouzon est notaire de Carlucet de 1589 à 1648. Ses minutes, conservées en liasses de 23 volumes, paraissent bien soignées.

La famille de Bouzon de Lacomté est une de celles qui représentèrent Carlucet à l'acte de bail à emphythéose du 7 janvier 1451 donné par les religieux d'Aubazine, seigneurs de Carlucet (v. page 77). Des écrits de plusieurs siècles laissent des traces de respect des habitants de Carlucet pour cette noble famille qui a fourni des juges, des avocats et des prêtres.

Jean de Bouzon.

Jean de Bouzon, neveu du précédent, exerça les fonctions de notaire de 1648 à 1700, avec un peu moins d'éclat que ses prédécesseurs.

Au cadastre de 1668, dressé par M. Corbérant, notaire royal (v. page 93) et procureur du lieu de « Saint-Germain-le-Gourdounour », il est qualifié de notaire.

Voici son acte d'inhumation.

« Jean de Bouzon, notaire royal, âgé de septante ans environ, mourut le 20 juin 1700, dans son chasteau de Lacomté, ayant reçu tous les sacrements nécessaires pendant sa maladie et fut ensevely le 21 dans le tombeau de ses ayeuls dans l'églyze de Carlucet. Présents : Antoine Escudié hoste, Hugues Fourastié tisserand. Goudal vicaire ».

ÉLECTIONS

Elections d'un représentant du peuple à l'Assemblée législative.

Du 27 juillet 1851.

Électeurs inscrits 361. — Votants 154

Deltheil (Jean), ex-député	149
Bulletin blanc	5

Plébiscite soumis à la nation.

Du 20 décembre 1851.

Électeurs inscrits 254. — Votants 213

Oui	213
Non	»

Elections des députés au Corps législatif

Du 29 février 1852.

Électeurs inscrits 258. — Votants 195

Deltheil (Jean), ancien député	195

Vote sur le rétablissement de l'Empire héréditaire

Du 21 novembre 1852.

Électeurs inscrits 267. — Votants 228

Oui	228
Non	»

Election d'un député au Corps législatif.

Du 21 juin 1857.

Électeurs inscrits 238. — Votants 140

Deltheil (Jean), ex-député............... 140

Election d'un député au corps législatif.

Du 31 mai 1863.

Électeurs inscrits 264. — Votants 210

Deltheil (Jean), ex-député............... 210

Du 23 mai 1869.

Électeurs inscrits 281. — Votants 241

Calmon (Antoine), conseiller-général.... 206

Deltheil (Jean), ex-député............... 34

Baron Dufour.......................... 1

Plébiscite de 1870.

Du 8 mai 1870.

Électeurs inscrits 274. — Votants 210

Oui................................ 197

Non................................ 8

Bulletin blancs.......................... 5

Election d'un membre de la Chambre des députés.

Du 20 février 1876.

Électeurs inscrits 275. — Votants 233

Baron Dufour, conseiller général......... 167

Charles de Verninac, conseiller général.. 66

Du 14 octobre 1877.

Électeurs inscrits 247. — Votants 210

Baron Dufour, député sortant...........	146
De Verninac..........................	57
De Gozon, conseiller général............	9

Du 21 août 1881.

Calmon (Robert), conseiller général.....	238
De Verninac (Charles), conseiller général.	00
Baron Dufour, député sortant......... .	11

Du 4 septembre 1881.

Électeurs inscrits 268. — Votants 255

Calmon (Robert), conseiller général.....	244
Baron Dufour..........................	11
Charles de Verninac, conseiller général..	»

Du 22 septembre 1889.

Électeurs inscrits 265. — Votants 204

Baron Dufour, député sortant...........	156
Lachièze, conseiller genéral.............	49

Du 20 août 1893.

Électeurs inscrits 268. — Votants 192

Many (Jules), avocat....................	154
Cocula (Alfred), médecin-véterinaire.....	31
Lachièze, député sortant...............	7
Claret (Alfred), avocat.................	»

Du 3 septembre 1893.

Électeurs inscrits 268. — Votants 193

Many (Jules), avocat.................... 168
Lachièze, député sortant.......... 24
Claret (Alfred), avocat.................. »

Du 8 mai 1898.

Électeurs inscrits 257. — Votants 181

Magne, abbé............ 134
Cocula, conseiller général.............. 29
Lachièze, député sortant............... 24

Du 22 mai 1898 (2e tour).

Électeurs inscrits 257. — Votants 187

Lachièze, député sortant............... 158
Cocula 29

Du 27 avril 1902.

Électeurs inscrits 250. — Votants 179

Lachièze, député sortant............... 151
Malvy (Louis-Jean)..................... 15
Fleuret (Jean), avocat.................. 6

Du 11 mai 1902 (2e tour).

Électeurs inscrits 250. — Votants 184

Lachièze, député sortant............... 158
Malvy (Louis-Jean)................. .. 24

Elections au Conseil Général.

Du 1er août 1857.

Électeurs inscrits 258. — Votants 98

Bessières (Charles), colonel............ 98

Du 30 juillet 1854.

Électeurs inscrits 252. — Votants 109

Canrobert, général........................ 109

Du 16 juin 1861.

Électeurs inscrits 263. — Votants 154

Canrobert, maréchal de France......... 147

Du 12 juin 1870.

Électeurs inscrits 274. — Votants 210

Calmon (Antony), ancien député........ 204

Charles Mercié........................ 6

Du 8 octobre 1871.

Électeurs inscrits 258. — Votants 167

Calmels (d'Artinsac), notaire............ 109

Griffel (Aman), maire de Gramat........ 55

Pradel (Oscar), propriétaire............ 2

Du 15 octobre 1871 (2e tour).

Électeurs inscrits 258. — Votants 194

Griffel, maire de Gramat................ 106

Calmels (d'Artinsac), notaire............ 88

Du 4 octobre 1874.

Électeurs inscrits 370. — Votants 192

Griffel, ancien maire de Gramat......... 120

Calmels (d'Artinsac), maire de Gramat.. 71

Du 1er août 1880.

Électeurs inscrits 278. — Votants 248

Calmon (Robert), propriétaire.......... 226

Calmels (d'Artinsac)...... 22

Du 1er août 1886.

Électeurs inscrits 278. — Votants 252

Calmon (Robert), conseiller général..... 243

Calmels (d'Artinsac), maire de Gramat.. 9

Du 31 juillet 1892.

Électeurs inscrits 257. — Votants 231

Calmon-Maison (Robert), conseiller gén.. 221

Quercy (Denis), président de tribunal... 10

Du 31 juillet 1898.

Électeurs inscrits 274. — Votants 176

Calmon-Maison (Robert), conseiller gén. 175

Du 31 juillet 1904

Électeurs inscrits 264. — Votants 171

Calmon-Maison (Robert), chevalier de la Légion d'honneur, conseiller général. 169

Elections au Conseil d'Arrondissement

Du 1er août 1852.

Électeurs inscrits 258. — Votants 98

Alayrac (Augustin), avocat............. 98

Du 13 juin 1858.

Électeurs inscrits 263. — Votants 153

Alayrac (Augustin), avocat et notaire.... 153

Du 19 juin 1864.

Électeurs inscrits 271. — Votants 160

Alayrac (Augustin), avocat et notaire.... 160

Du 12 juin 1870.

Électeurs inscrits 274. — Votants 210

Alayrac (Augustin), avocat et notaire.... 208

Du 21 janvier 1872.

Électeurs inscrits 259. — Votants 106

Lalé, maire de Miers.................. 106

Du 4 novembre 1877.

Electeurs inscrits 244. — Votants 155

Lalé, conseiller sortant..... 90

Lafeuille, ancien juge................. 64

Du 12 août 1883.

Électeurs inscrits 272. — Votants 160

Lalé, conseiller sortant................ 157

Du 28 juillet 1889.

Électeurs inscrits 266. — Votants 151

Lalé, conseiller sortant	131
Général Boulanger	10
Bulletin blancs	10

Du 28 juillet 1895.

Électeurs inscrits 259. — Votants 117

Lalé, conseiller sortant	117

Du 21 juillet 1901.

Électeurs inscrits 254. — Votants 159

Lalé, conseiller sortant	84
Bergounioux (Armand), an. m. de Gramat	74

Dénombrement de la population. V. page 50.

	1896	1901
Garçons	162	126
Hommes	141	114
Veufs	23	26
Filles	180	132
Femmes	141	131
Veuves	34	31
	681	560
Ménages	174	166

L'affaiblissement sensible de la population, démontré par le dernier dénombrement est imputable à la diminution des naissances. Autrefois les familles de 7, 8, 9 jusqu'à 11 enfants n'étaient pas rares. Aujourd'hui celles de 1, 2, 3 sont les plus nombreuses.

Etat indicatif du centime le franc. V. page 63.

1892	0 20	1894	0 20	1896	0 20	1898	0 21	1900	0 20	1902	0 21	1904	0 22		
1893	0 21	1895	0 21	1897	0 21	1899	0 20	1901	0 21	1903	0 22				

Rôles des quatre contributions directes.

Les rôles des quatre contributions directes pour l'année 1904 s'élèvent à 8576 fr. 61 : Propriétés bâties 413 fr. 42.—Propriétés non bâties 6459 fr. 69. — Personnelle-mobilière 683 fr. 80. — Portes et fenêtres 625 fr. 89. — Patentes 393 fr. 81.

M. Tocaben (V. page 66).

Le 1er octobre 1878, M. Tocaben, originaire de Couzou, instituteur, était mis à la retraite, après avoir occupé le poste de Carlucet pendant 36 ans sans interruption.

Ce fut un maître dévoué, intelligent et capable qui eut toujours l'estime de ses chefs, de la population et l'affection de ses élèves.

Pour vivre parmi deux ou trois générations qu'il avait formées, il se retira à Carlucet où il succomba à la suite d'une longue maladie, le 1er mars 1888, à l'âge de 72 ans.

Ses uniques ressources furent un traitement modeste avec lequel il éleva une nombreuse famille. Il connut la misère.

Les habitants de Carlucet n'oublieront jamais ce qu'ils lui doivent.

Suite des élèves qui ont obtenù le certificat d'études primaires (V. page 67).

Garçons

Dissac Basile, Tinel Arthur, Tocaben Léger, Dégat Gabriel, Savignac Maurice, Capelle Amand, Delmas Léon, Dégat George, Meysen Edmond, Aussel Louis, Floirac Louis, Roumieux Jean, Mayzen Eugène, Delpech Louis, Boule Auguste, Aussel Antoine, Bouzou François, Meysen Bertin, Savignac Urbain, Serres Jean.

Filles

Fontanel Angèle, Cavalié Julia, Meysen Marie, Jarzal Célina, Bouzou Maria, Lascombes Marie, Dégat Marie, Vitrac Joséphine, Mayzen Maria, Pouzalgues Rosalie, Bourdarie Eulalie, Gras Léonie, Fournié Rose, Coldefy Euphrasie, Tocaben

Louisa, Cavalié Noëlie, Càpelle Zélia, Aussel Joséphine, Meysen Isaurè, Mayzen Victorine, Jarzal Marie, Savignac Rosa, Serres Joséphine, Despeyroux Marguerite, Capelle Célina, Tocaben Alice, Delmas Marie-Louise, Escapoulade Maria, Dégat Elise, Dégat Eugénie,

Depuis le 1er octobre 1901, Madame Maussac dirige l'école publique de filles laïcisée par arrêté préfectoral du 6 août 1901, pris en exécution de l'art 19 de la loi du 30 octobre 1886.

Curiosités naturelles (*v. page 68*).

IGUE DE GRANGES.

« Cet abîme, ouvert sur un plateau en promontoire, a une profondeur de 45 mètres presque toujours à pic ; on y remarque des stalagmites formées par une belle cascade. Le fond du gouffre se termine par une fissure, descente impénétrable. »

Une surprise d'un nouveau genre attendait les explorateurs de 1892. Du fond du puits les aboiements d'un chien, qui redoublent à mesure que descendent les hardis visiteurs.

Il y a deux mois, cet animal du village de Granges fut jeté là. La pauvre bête est retirée, mais elle ne peut se tenir sur ses pattes, elle tombe d'abord éblouie par l'éclat du soleil, puis dévore le pain qu'on lui donne; ensuite elle regagne le chemin de la maison de son maître.

Jugez de l'émotion éprouvée par ce dernier à la vue du squelette animé. Il n'y aura plus moyen de faire croire au fermier qu'il n'y a pas de revenants !

Comment ce chien n'était-il pas mort de faim ? Cela s'explique par les carcasses de brebis trouvées au fond du gouffre et les gouttes d'eau suintant des parois.

La pauvre bête n'avait pas longtemps à vivre, elle survécut deux semaines au sauvetage. Sa dépouille revint dans son premier tombeau.

Igue des Combettes.

« Situé dans un champ de M. Calmon-Maison, conseiller général, cet abîme avait été bouché au moyen de troncs d'arbres et de fortes pierres. La ravine de 1891 défonça tout et rouvrit le gouffre. L'orifice a 5 mètres de diamètre, tout autour les terres ont glissé récemment et paraissent peu solides. Le trou est un entonnoir dont le fond, à 10 mètres, n'a plus guère que 2 mètres de diamètre.

« Là on se trouve dans une salle naturellement obscure de 5 à 6 mètres de dimension. Dans un angle s'ouvre une fissure de 2 mètres de hauteur qui occupe toute la largeur de la salle.

« Nous sommes à la bouche béante d'un grand puits intérieur de 45 mètres de profondeur.

« On entend l'eau, c'est un suintement qui descend d'une autre cassure invisible. Le sol de la salle n'est pas solide, c'est un bouchon d'éblouis arrêté, par un étranglement du puits. Il est prudent de ne pas trop se presser sur ce plancher peu rassurant. Une échelle suspendue dans le gouffre noir, conduit dans une chambre ovale de 5 à 6 mètres de longueur et de hauteur, sur 3 de largeur. Du côté ouest le bruit d'un fort courant se fait entendre, mais on se heurte à une muraille droite sous laquelle une fissure basse au niveau du sol, obstruée par les troncs d'arbres et les fortes pierres engloutis, ne laisse passer que le ruisselet formé par le suintement abondant du grand puits. L'arrêt paraît être définitif. Maudites entraves !

« A la lueur du magnésium on aperçoit une ouverture de 1 mètre de diamètre en haut du mur, 4 mètres au-dessus du sol. Au-delà, éclairé par le magnésium, on découvre une nouvelle salle à 6 mètres en contrebas de la fenêtre où l'on est. Du fond monte encore plus fort le bruit caractéristique d'une rivière formant sur une galerie perpendiculaire un courant effrayant qui, en plein été débite au moins 120 mètres cubes à l'heure. »

On estime qu'une partie du courant de l'Igue des Combettes pourrait être, à l'aide d'une machine d'épuisement, remonté facilement à la surface du plateau qui manque d'eau la plupart de l'année à plusieurs kilomètres à la ronde.

Igue du Vertige.

Tout récemment, nous lisions dans le *Journal du Lot :*

Une intéressante découverte, due à l'initiative de M. le marquis de Saint-Georges de Lacomté, et de deux courageuses excursionnistes (1) vient d'être faite dans les gorges de Cantagrel, commune de Carlucet. Secondés par un professionnel, M. Raymond Pons, maire de Reilhac, les explorateurs sont descendus dans le gouffre du « Vertige ». Le spectacle de cet abîme est merveilleux. A une très grande profondeur, un vaste réservoir donne naissance à une rivière dont le cours se déroule dans un décor magnifique.

Un amas formidable de roches, provenant sans doute d'un éboulement, a arrêté les explorateurs, qui ont le ferme espoir d'arriver, lors d'une prochaine excursion aux sources de Louysse.

(1) Ses sœurs.

RÈGNE VÉGÉTAL

LISTE DES PLANTES QUI CROISSENT DANS LA COMMUNE DE CARLUCET.

I. — RENONCULACÉES.

RANUNCULUS arvensis, L. Renoncule des champs;

RANUNCULUS acris, L. Bouton d'Or.

(Toutes les renoncules sont âcres et irritent les organes digestifs. La plus dangereuse est la renoncule âcre ou bouton d'or, commune dans les prés).

ADONIS flammeœ, J. Q. Goutte de sang.

CLEMATIS vitalba, L. Clématite.

(Très irritante. Produit des plaies).

HELLÉBORUS fætidus, L. Hellébore.

(La racine est employée pour établir des exutoires chez les ruminants. Irritante et vomitive).

NIGELLA arvensis, L. Nigelle.

II. — PAPAVÉRACÉES

PAPAVER rhæas, L. Coquelicot.

(Narcotique, les fleurs sont béchiques).

CHELIDONIUM majus, L. Chélidoine.

(Caustique employé pour faire disparaître les verrues).

III. — FUMARIACÉES.

FUMARIA officimalis, L. Fumeterre.
(Amère et détersive).

IV. — CRUCIFÈRES.

RAPHANUS satinus, L. Radis.
(Cultivé, comestible).

RAPHANISTRUM arvense M. Ravenelle.
(Irritante).

SINAPIS arvensis, L. Moutarde des champs, sénevé.
(Irritante).

BRASSICA oleracea, L. Chou.
(Cultivé. de nombreuses variétés).

BRASSICA Nigra, K. Moutarde noire.
(Sert à préparer les sinapismes et la moutarde).

ERUCA Sativa, Lam. Roquette.
(Excitant stomachique [cultivé).

CHEIRANTUS cheiri, L. Giroflée.
(Cultivé et *subspontané*).

NASTURTIUM officinale, R. B. cresson des fontaines.
(Antiscorbutique, alimentaire).

V. — VIOLACÉES.

VIOLA odorata L. Violette odorante : VIOLA alba Violette blanche.
(Les fleurs sont employées en infusion comme sudorifiques et béchiques).

VIOLA silvatica, Fr. Violette inodore.

VIOLA agrestis Jord. Pensée sauvage.

VI. — RÉSÉDACÉES.

Reseda luteola, L. Gaude.

(Employé quelquefois pour la couleùr qu'elle fournit).

Reseda lutea, L. Réséda sauvage.

VII. — CARYOPHYLLÉES.

Agrostemma githago, L. Nielle des blés.

(La graine est mauvaise).

Saponaria officinalis, L. Saponaire.

(Amère et tonique).

VIII. — LINACÉES.

Linum tennifolium, L. Lin sauvage.

IX. — TILIACÉES.

Tilia platyphylla, Scop. Tilleul.

(Les fleurs sont employées en infusion comme calmant).

X. — MALVACÉES.

Malva rotundifolia L. Petite mauve fromageon.

(Émolliente).

Malva silvestris L. Mauve sauvage.

XI. — GÉRANIACÉES.

Geranium rotundifolium, L. ; Geranium robertianum, L. ; Geranium modestum Jord. ; Geranium nodosum L. ; Geranium molle, L. ; Geranium sanguineum, L.

(Géraniums sauvages).

XII. — HYPÉRICINÉES.

Hypericum hirsutum, L. Millepertuis velu.

Hypericum perforatum, L. vrai Millepertuis.

(Employé en infusion contre les meurtrissures. Astringent et vermifuge).

XIII. — ACÉRINÉES.

Acer monspessulanum, L. Erable de Montpellier, en patois ogar.

Acer campestre, L. Erable commun, en patois ooujelar.

XIV. — VITACÉES.

Vitis vinifera L. Vigne.

(Cultivé).

XV. — ÆSCULACÉES.

Æsculus hippocastanum, L. Marronnier d'Inde.

XVI. — RUTACÉES.

Ruta graveolens L. Rue fétide.

(Employé quelquefois contre la chlorose dangereuse).

XVII. — EVONYMACÉES.

Evonymus europæus L. Fusain.

(Fruit irritant et purgatif).

XVIII. — RHAMNACÉES.

Rhamnus catharticus L. Nerprun.

(Purgatif à la dose de 20 à 30 baies).

Rhamnus alaternus, L. Nerprun alaterne.

XIX. — PAPILIONACÉES.

ONONIS repens, L. Arrête-bœuf.
(Diurétique).
PHASEOLUS vulgaris, L. haricot ordinaire.
PHASEOLUS nanus, L. haricot sans rame.
(Cultivés).
MEDICAGO lupulina, L. Minette ou lupuline.
— sativa, L. Luzerne cultivée.
— apiculata, Wild. Luzerne sauvage. Variétés.
(Bonnes pour les animaux).
TRIFOLIUM pratense, L. Trèfle.
(Variétés. Cultivé.)
TRIFOLIUM rubens L. Trèfle sauvage.
— arvense L. Pied de lièvre.
ROBINIA pseudo acacia, L. Acacia.
ONOBRYCHIS sativa, Lam. Sainfoin ou esparcette.
(Cultivé)
PISUM sativum L. Pois ordinaire.
(Cultivé. Variétés.)
LATHYRUS aphaca L. Gesse sans feuilles.
— sphœricus retz, Gesse sauvage.
— cicera, L. Petite gesse ou jarrosse.
(Cultivée pour les animaux).
FABA vulgaris, Mench. Fève commune.
— minor, Féverolle.
(Cultivé).
VICIA sativa, L. Vesce cultivée.

CICER arietinum, L. Pois chiche.
(Cultivé).

XX. — AMYGDALACÉES.

ARMENICA vulgaris, T. Abricotier.
— domestica, L. Prunier.
— Spinosa. Buisson noir ou prunellier.
CEROSUS duracina. Cerisier.
— mahalel, Mill. Cerisier de Ste-Lucie.
AMYGDALUS communis, L. Amandier.
PERSICA vulgaris D. C. Pêcher.

XXI. — ROSACÉES.

SPIRŒA obovata, Wild. Spirée.
(Sur certains points de nos Causses on lui donne le nom de thé).
POTENTILLA fragóiria, D. C. Potentille fraisier.
FRAGARIA vesca, L. Fraisier des bois.
(Comestible).
RUBUS idœus, L. Framboisier.
(Cultivé).
RUBUS fruticosus, L. Ronce des haies.
(Les décoctions de ronces sont employées en gargarisme contre les maux de gorge).
ROSA arvensis, L. Rosier sauvage.
— rubiginosa, L. Eglantier ou rosier sauvage.
AGRIMONIA eupatoria, L. Aigremoine, appelée Skaker dans le pays.
(Tonique et astringente).

XXII. — POMACÉES.

Cratœgus oxyacantha, Jq. Aubépine ou buisson blanc.

Mespilus germanica, L. Néflier.

Cydonia vulgaris, Pers. Cognassier.

Sorbus Torminalis, Crantz. Alisier.

Pirus communis, L. Poirier.

Malus communis, L. Pommier.

XXIII. — CUCURBITACÉES.

Bryonia dioica, Jq. Bryone.

(Purgatif violent et dangereux).

Cucumis sativus, L. Concombre; Cucumis (melo, L.) Melon.

Cucurbita maxima, D. C. Courge ; Cucurbita pepo, D. C. Citrouille.

(Cultivé).

XXIV. — CIRCÉACÉES.

Circœa lutetiana, L. Herbe aux sorcières.

XXV. — ÆNOTHÉRACÉES.

Epilolium molle, Lam. Epilobe.

XXVI. — CALLITRICHACÉES.

Callitrighe verna Kutz. Étoile d'eau.

XXVII. — LYTHRACÉES.

Lythrum Salicaria, L. Salicaire.

XXVIII. — PORTULACÉES.

PORTULACA oleracea, L. Pourpier.
(Comestible).

XXIX. — CRASSULACÉES.

CRASSULA rubens, L. Orpin.

UMBILICUS pendulinus, Dc. Nombril de Vénus.

XXX. — PARONYCHIACÉES.

HERMIARIA glabra, L. Herniaire.

XXXI. — SAXIFRAGÉES.

SAXIFRAGA tridactylites, L. Saxifrage des murailles.

XXXII. — GROSSULARIÉES.

RIBES uva-crispa, L. Groseiller à maquereaux ; RIBES nigrum, L. Cassis ; RIBES rubrum. Groseiller rouge ; RIBES rubrum, L. var album Groseiller blanc.
(Cultivés).

XXXIII. — OMBELLFÉRES.

DAUCUS carota, L. Carotte sauvage ; DAUCUS carota varsativus. Carotte cultivée.

ÆTHUSA cynapium, L. Petite cigüe ou faux persil.
(Vénéneuse).

FŒNICULUM officinale, Oll. Fenouil.
(Aromatique et excitant).

APIUM graveolens, L. Céleri cultivé.

Anthriscus cerefolium, Hoff. Cerfeuil cultivée.
(Assaisonnement).
Conium maculatum, L. Grande cigüe.
(Très vénéneuse).

XXXIV. — HÉDÉRACÉES.

Hedera hélix, L. Lierre.
(Fruit purgatif, vomitif).

XXXV. — CORNUACÉES.

Cornus Mas, L. Cornouiller.

XXXVI. — LORANTHRACÉES.

Viscum album, L. Gui.
(Parasite surtout sur les pommiers).

XXXVII. — CAPRIFOLIACÉES.

Lonicera peryclimenum, L. Chévrefeuille.
(Béchique et calmant).
Sambucus ebulus, L. Yèble.
(Purgatif).
Sambucus Nigra, L. Sureau.
(Fleurs sudorifiques. Graines purgatives).

XXXVIII. — RUBIACÉES.

Galium verum, L. Gaillet jaune ou caille lait.
Rubia peregrina, L. Garance sauvage.

XXXIX. — VALERIANÉES.

Valeriana officinalis, L. Valériane.
(Racine antispamiodique).

VALERIANELLA olitora, Poll. Mache ou doucette.
(Se mange en salade).

XL. — DIPSACÉES.

DIPSACUS silvestris, Mill. Cardère sauvage.

XLI. — COMPOSÉES.

CARDUUS teniuflorus, Cart. Chardon.

CIRSIUM arvense, Scop. Cirse des champs.

— criophorum, Scop. Cirse laineux ou chardon des ânes.

CYNARA Scolymus, L. Artichaut.
(Cultivé).

CENTAUREA calcitrapa, L. Chardon étoilé ou chausse trope.
(Amère et fébrifuge).

CENTAUREA cyamus, L. Bleuet ou bluet.

LAPPA minot, Dc. Bardane.
(Amère et sudorifique. Employée quelquefois en tisane contre les rhumatismes et les maladies de peau.

HELICHRYSUM stœchas, D. C. Immortelle jaune.

BIDENS tripartita, L. Chanvre d'eau.

HELIANTHUS annuus, L. Soleil.
(Cultivé. Graines oléagineuses.

HELIANTHUS tuberosus, L. Topinambourg.

ACHILLEA millefolium, L. Achillée, mille feuilles, saigne-nez.
(Amère et tonique).

LEUCANTHENUM vulgare, Lam. Grande marguerite

TANACETUM vulgare, L. Herbe aux vers.
(Vermifuge),

SENECIO vulgaris, L. Seneçon commun.
BELLIS perennis, L. Pâquerette.
TUSSILAGO farfara, L. Tussilage d'âne.
(Fleurs adoucissantes et pectorales).
CICHORIUM intybus, L. Chicorée sauvage tonique.
TRAGOPOGON crocifolius, L. Salsifis sauvage.
— (pratensis, L.) Barbe de bouc.
CONDRILLA juncea, L. Chondille effilée.
Dans la pays on en fait des balais grossiers.
TARAXACUM officinale, Vill. Pissenlit.
(Tonique, nutritif).
LACTUCA chondrillœflora, Bor. Laitue sauvage.
— sativa, L. Laitue cultivée.
(Alimentaire).
SONCHUS oleraceus, L. Laitron.

XLII. — CAMPANULACÉES.

SPECULARIA speçulum, Alph. D. C. Miroir de Vénus.
SPECULARIA trachelium, L. Campanule.

XLIII. — ERICACÉES.

CALLUNA vulgaris. Bruyère.

XLIV. — ASCLÉPIACÉES.

VINCETOXICUM offiicinale Mœnch. Dompte-venin.
(Irritante).

XLV. — NÉRIACÉES.

VINCA minor, L. Pervenche.
(Astringente et fébrifuge).

XLVI. — OLÉACÉES.

Fraxinus excelsior, L. Frêne.
Lilac vulgaris, Lam, Lilas.
(Cultivé).

XLVII. — GENTIANÉES.

Erythrœa centaurium, Pers. Petite centaurée.
(Amère, tonique et fébrifuge).

XLVIII. — POLYGALÉES.

Polygala vulgaris, L. Polygala.

XLIX. — CONVOVULACÉES.

Comvolvulus arvénsis, L. Liseron des champs
(Nuisible).

L. — CUSCUTACÉES.

Cuscuta minor, D. C. Cuscute.
(Parasite sur le trèfle et autres plantes).

LI. — BORRAGINÉES.

Borrago offlcinalis, L. Bourrache.
(Béchique).
Myosotis hispida. Myosotis, aimez-moi.
(Variétés).

LII. — SOLANÉES.

Solanum tuberosum, L. Pomme de terre ; Solanum lycopersicum, L. Tomate.
(Cultivées).
Solanum dulcamara, L. Douce-amère.

(Sa tige et ses feuilles sont dépuratives et calmantes, ses fruits sont vénéneux).

LIII. — DATURACÉES.

Hyoociamus niger, L. Jusquiame.
(Narcotique et calmante).
Nicotiana tabacum, L. Tabac.
(cultivé, vénéneux).

LIV. — VERBASCASSÉES.

Verbascum floccosum, V. et K. Molène bouillon blanc.
(Fleurs béchiques et calmantes).

LV. — VÉRONICACÉES.

Veronica teucrium, L. Véronique.
(Nombreuses varités).

LVI. — SCROFULARIÉES.

Digitalis lutea, L. Digitale jaune.
(Dangereuse).
Rhinonthus minor, Ehrh. Rhinante, crête de coq.
(En patois : tartorietzé).

LVII. — OROBANCHÉES.

Orobanche galii, Vauch. Orobanche.
(Parasite sur les gaillets).
Orobanche minor, Sut. Orobranche.
(Parasite sur la tréfle).

LVIII. — LABIÉES.

Mentha arvensi, L. Menthe des champs.

THYMUS serpyllum, L. Thym sauvage ou serpolet.
(Apéritif et diuritique).

MELISSA officinalis, L. Citronelle, mélisse.
(Entre dans la préparation de l'eau des Carmes).

GLECHOMA hederacea, L. Lierre terrestre.
(Tonique et pectoral).

MARRUBIUM vulgare, L. Marrube, thé.
(Hépatique vermifuge, stomatique).

STACHYS recta, L. Epiaire (en patois fistoulo).

GALEOPSIS tetrahit, L. Orti royale, chanvre sauvage.
— ladanum, L. Ortié rouge.

TEUCRIUM scoradonia, L. Germandée sauvage.
— chamœdrys, L. Germandée petit cheine (en patois : comédré).
(Tonique existante et fébrifuge).

LIX. — VERBÉNACÉES.

VERBENA officinalis, L. Verveine.
(Astringente et fébrifuge).

LX. — PRIMULACÉES.

PRIMULA officinalis, Jq. Primevère, coucou.
(Fleurs béchiques).

ANAGALLIS arvensis, L. Mouron.

LXI. — GLOBULARIÉES.

GLOBULARIA vulgaris, L. Globulaire.

LXII. — PLANTAGINÉES.

PLANTAGO major, L. Grand plantain.

(Employé en décoction contre les ophtalmies).

LXIII. — AMARANTACÉES.

AMARANTUS viridis, L. Amarante sauvage.

LXIV. — CHÉNOPODÉES.

CHENOPODIUM viride, L. Anserine.
(Nombreuses variétés, mauv. herbe inutile.
BETA vulgaris voir. rapacea K. Betterave.
(Cultivée).

LXV. — POLYGONÉES.

RUMEX acetosa, L. Oseille sauvage.
— pulcher, L. Patience.
POLYGONUM convolvulus, L. Renouée liseron.
— fagopyrum, L. Blé noir, sarrasin.
(Cultivé).
POLYGONUM persicaria, Persicaire.

LXVI. — LAURACÉES.

LAURUS nobilis, L. Laurier commun.
(feuilles employées comme condiment).

LXVII. — THÉSIACÉES.

THESIUM divaricatum, Rchl.

LXVIII. — EUPHORBIACÉES.

EUPHORBIA hélioscopia, L. Réveille matin.
— amygdaloides, L. Euphorbe.
(Nombreuses variétés. Les euphorbes renferment un suc blanc, laiteux, irritant. Toutes sont fortement purgatives, et

peuvent occasionner des empoisonnements).

LXIX — BUXACÉES.

MERCURIALIS perennis, L. Mercuriale.
(Employé pour préparer des lavements laxatifs).
MERCURIALIS annua, L. Mercuriale des bois.
(Nuisible).
BUXUS sempervirens, L. Buis.
(Feuilles amères et purgatives).

LXX — FICACÉES.

FICUS carica, L. Figuier.

LXXI — ULMACÉES.

Ulmus, campestris, Sm.
(Orme ou ormeau).

LXXII — URTICACÉES.

PARIETARIA officinalis, L. Pariétaire.
(Émolliente, rafraîchissante et diurétique).
URTICA urens, L. Petite ortie.
CANNABIS sativa L. Chanvre cultivé.

LXXIII — JUGLANDÉES.

JUGLANS regia, L. Noyer.
(Feuilles toniques employées pour faire des lotions stimulantes et résolutives).

LXXIV — CUPULIFÈRES.

QUERCUS pedunculata, Ehrh. Chêne.
CASTANEA vulgaris, L. Chataigner.
(Cultivé).

CORYLUS ovellana, L. Noisetier sauvage.
(Coudrier).

CARPINUS betulus, L. Charme.

LXXV — SALICINÉES.

SALIX alba, L. Saule blanc.
— triandra, L. Osier.

POPULUS pyramydalis. Peuplier d'Italie.

LXXVI — JUNIPÉRACÉES.

JUNIPERUS communis, L. Genévrier.
(Les baies sont toniques et diuretiques).

LXXVII — LILIACÉES.

LILIUM martagon, L. Lis martagon.

ALLIUM vincale, L. Ail sauvage.
— ascalanium, L. Échalotte. ALLIUM cepa, L. Oignon. ALLIUM porrum, L. Poireau. ALLIUM sativeun, L. Ail.
(Cultivés).

LXXVIII — ASPARACINÉES.

CONVALLARIA maialis, L. Muguet.
(Antispasmodique).

ASPARAGUS officinalis, L. Asperges.
(Cultivé).

RUSCUS aculeatus, L. Fragon, petit houx.
(Racine apéritive).

LXXIV — DIOSCORÉES.

TAMUS communis, L. Taminier.

LXXX — IRIACÉES.

Gladiolus segetum. Glaieul sauvage.

LXXXI — AMARYLLACÉES.

Narcissus pseudo-narcissus, L. Narcisse jaune.

LXXXII — ORCHIDÉES.

Orchis mascula, L. Orchis.
(Variétés).

Ophys apifera, Huds. Ophrys abeille.

LXXXIII — POTAMÉES.

Potamogetum oppositifolius, L., Potamogetan.

LXXXIV — LEMNACÉES.

Lemna minor, L. Lentille d'eau.

LXXXV — AROÏDÉES.

Arum italicum, Mill. Gouet, Pied de veau.

LXXXVI — JUNCACÉES.

Juncus effusus, L. Jonc.
(Variétés, mauvaises plantes).

LXXXVII — CYPÉRACÉES.

Helcocharis palustris, R. Br. Carex ou laiches.
(Variétés inutiles).

LXXXVIII — GRAMINÉES.

Zea mays, L. Maïs.
(Cultivé).

CYNODON dactylon, Pers. Chiendent, pied de poule.

(Ses racines servent à faire des tisanes).

PANICUM crusgalli, L. Panic, pied de coq.

ARUNDO donax, L. Roseau à quenouille.

(Cultivé).

MILIUM effusum, L. Millet.

(Rare).

AVENA barbata, Brot. Avoine sauvage.

ARRHENATHERUM avenaceum, Var bulbosum. Chiendent à chapelet.

(Nuisible).

POA bulbosa, L. Paturin.

(Nombreuses variétés. Les paturins sont recherchés par les animaux).

BRIZA media, L. Brise tremblante, amourette.

BROMES arvensis, L. Brome des champs. (en patois : traoucosac).

(Nuisible).

AGROPYRUM repens, P. B. Chiendent.

TRITICUM vulgare, Vil. Blé.

(Cultivé).

LOLIUM perenne, L. Ivraie vivace.

(Forme de bons gazons).

LOLIUM temulentum, Ivraie.

(Narcotique).

SECALE céréale, L. Seigle. HORDEUM hexastichon L. Orge d'hiver. HORDEUM distichon, L. Baillarge

(Cultivés).

HORDEUM murimum, L. Orge des murs.

LXXXIX — FOUGÈRES.

POLYSTICHUM filix mas, Roth, Fougère mâle.
(Sa racine est un bon vermifuge).
ASPLENIUM trichomanes, L. Capillaire.
PTERIS aquilina, L. Fougère commune.
Vermifuge.
CETERACH officinarum, Will. Cetérach.
(Pectorale).

XC — EQUISÉTACÉES.

EQUISETUM arvense, L. Queue de cheval.

Météorologie (v. page 69).

Trop souvent les orages brisent, déracinent les arbres, enlèvent les couvertures des habitations, ils sont encore plus funestes par la grêle qu'ils portent.

Ce fléau, dont aucune précaution ne saurait prévenir les ravages, est ordinairement produit par les orages du mois de mai, de juin, de juillet, d'août et de septembre.

La grêle du printemps est moins générale et ses effets moins funestes, surtout depuis la disparition de la vigne qu'on n'a pas encore reconstituée.

La grêle d'été est amenée la plupart du temps par les vents du sud, d'ouest et du sud-ouest, elle hache toutes les récoltes.

A Carlucet, les pertes occasionnées par les orages des 8 et 20 juin 1899, s'élevaient à la somme de 29,240 francs. L'Etat accorda aux fermiers atteints 491 francs et aux propriétaires un dégrèvement de 481 fr. 55. Total 972 fr. 55.

Villages éprouvés : Le bourg, Bigues, Cantegrel, Gilet, Graule basse, Graule haute, Lacomté, Lac Grand, Lagamasse, Laquet, Rocabilière.

Le 10 septembre 1901, la grêle frappait les mêmes villages moins Cantegrel. Pertes 17,935 francs. Subvention ou dégrèvements 262 fr. 41.

Le 1er août 1902, les mêmes propriétaires sont victimes d'un orage plus désastreux que le précédent. Pertes : 23,110 francs. Un secours de 292 francs est distribué aux fermiers. Dégrèvements : 342 fr. Total 614 francs. On trouva des grêlons de la grosseur d'un œuf de poule. Les récoltes furent hachées et enterrées, les toitures et les vitres brisées.

La malheureuse Mélanie Pélaprat de Merle commit l'imprudence de s'abriter sous un gros arbre où elle fut horriblement foudroyée.

Le 22 août 1903, la commune essuie encore un orage qui dépasse les précédents.

Les villages de Graule basse, Graule haute, Bigues, la Jamone, Cantegrel sont les plus atteints. Arbres brisés, tordus, déracinés par l'ouragan. Dégâts énormes : 30,400 francs. L'Etat accorde aux perdants 331 francs. Les malheureuses victimes sont réduites à la désolation et à la misère. Chaque désastre attire l'attention des pouvoirs publics.

Élections municipales (v. page 63).

Du 1er mai 1892.

Électeurs inscrits 274. — Votants 207

Élus : MM. Bourdarie Pierre, Serres Pierre, Capelle Sylvain, Mayzen Jean-Pierre, Bos Louis, Lavayssière Sylvain, Meyzen Louis, Aymard Augustin, Bouzou Xavier, Bouzou Alexis, Gauthié Pierre, Vitrac Pierre.

Du 3 mai 1896.

Électeurs inscrits 269. — Votants 167

Élus : MM. Boudarie Pierre, Capelle Sylvain, Lavayssière Sylvain, Mayzen Jean-Pierre, Gauthié Pierre, Boy Charles, Bouzou Xavier, Aymard, Vitrac Pierre, Meysen Louis.

Du 6 mai 1900.

Électeurs inscrits : 247. — Votants 191

Élus : MM. Serres Pierre, Lavayssière Sylvain, Bourdarie Pierre, Mayzen Jean-Pierre, Dégat François, Boy Charles, Capelle Sylvain, Bouzou Alexis, Bouzou Xavier, Meyzen Louis, Gauthié Pierre, Rossignol Victor.

Le 2 novembre 1902, Serres Jean est élu en remplacement de Mayzen Jean-Pierre, décédé

Élections municipales.

Du 1er mai 1904.

Électeurs inscrits 266. — Votants 184

Elus : MM.	Bourdarie, maire.....	174	voix
	Serres (Pierre), adjoint	176	»
	Lavayssières Sylvain..	174	»
	Boy (Charles).........	172	»
	Serres (Jean)..........	172	»
	Dégat (François)......	167	»
	Rossignol (Victor).....	165	»
	Bouzou (Alexis).......	163	»

Bouzou (Xavier).......	157	»
Gauthié (Pierre)......	157	»
Meysen (Louis).......	157	»
Capelle (Sylvain)......	156	»

Réception faite au général Castanié (*v. page 75*).

Le 15 juillet 1815, Carlucet était en fête. La veille seulement avait été annoncée l'arrivée du général Castanié, élevé pendant les Cent jours, à cette haute dignité.

Maître Calmon, avocat, lui lut le discours suivant au milieu des bois de Beaussac, en présence de 195 personnes accourues à sa rencontre.

« Monsieur le général,

« La nouvelle de votre promotion au grade élevé que vous occupez dans l'armée, a fait bondir de joie et d'allégresse le cœur de tous les habitants de Carlucet.

« Nous en avons conçu un légitime orgueil, nous avons cru voir cet honneur rejaillir sur nous tous qui vous considérons comme un de nos plus illustres enfants.

« Vous nous y avez tous autorisés, mon général, par la bonté et la bienveillance que vous n'avez cessé de montrer pendant votre trop court séjour parmi nous. Héritier fidèle des traditions charitables de votre famille, vous avez facilement gagné tous nos cœurs, toutes nos sympathies.

« Le pauvre ne frappe jamais en vain à votre porte, l'ouvrier y trouve toujours l'ouvrage qui lui permettra de vivre honorablement. Et chez vous, les principes et les exemples peuvent servir à tous.

« Napoléon a voulu honorer en vous les qualités militaires bien connues, il sait que votre épée peut faire chérir et respecter notre drapeau. Nous y applaudissons de tout cœur. Mais ce qui nous rend doublement heureux c'est de voir cette distinction tomber sur la tête de notre bienfaiteur qui ne sera plus désormais que notre bon général. »

Les cris de vive le général ! vive la France ! accueillent ces paroles.

De la réponse du général, nous n'avons que ce passage : « Plus tard, quand j'aurai remis mon épée au fourreau ; quand mon bras ne sera plus utile à la Patrie, j'aurai la satisfaction de rester plus longtemps au milieu de vous. »

Conclusion

Trop heureux serons-nous, si, en mettant sous les yeux de nos chers élèves l'histoire de leur belle commune, comme l'a dit le distingué M. H. Rémond, notre ancien et bienveillant inspecteur d'Académie (1) nous avons réussi à leur inspirer l'amour du sol

(1) Voir sa lettre au commencement de la Monographie de Carlucet.

natal, de leur famille, de leurs parents, de leurs amis.

Puissent-ils ne pas éprouver ces « désirs inquiets » dont parle le poète, et résister à cette humeur chagrine qui pousse aujourd'hui tant de jeunes gens à s'expatrier pour chercher au loin un bonheur qu'ils trouveraient plus facilement chez eux !

C'est leur patrie qui fera leur bonheur en leur offrant de son propre sein tout ce qui peut les satisfaire. Elle a de quoi répondre à des désirs simples et purs tels que le sage doit en concevoir, et s'ils lui montrent affection et dévouement, elle saura leur prodiguer, avec sa tendresse, les joies les plus innocentes et les plus vraies.

TABLE DES MATIÈRES

Lettre de M. Roques, inspecteur d'Académie de Cahors 5
Lettre de M. Villadieu, inspectr primaire de Gourdon 7
Avant-propos 9
Division du sol de la commune 11
Mobilité de la propriété 12
Morcellement du sol 13
Situation générale de la culture 14
De l'habitation du cultivateur 16
Progrès agricoles 16
Conférence agricole de M. Quercy 17
Condition morale et matérielle du personnel de la culture 18
Nourriture 19
Vêtements 20
Logement 20
Récréations 21
Stabilité de l'exploitation 21
Condition de l'ouvrier agricole. — Vannerie 22
Industrie laitière 24
Vagabondage 26
Gens de guerre, 1675 27
Extrait du cadastre de 1668 28
Rolle de la taille, années 1706-1707 28

Collecteurs. 29
Juges de la cour du Mont Ste-Marie-Alix, 1638. . 29
Cimetière 32
Bénitier 35
Esglize et puits de Saint-Crépin 35
Notaires. 36
Plébiscites. — Elections législatives au Conseil général et au Conseil d'arrondissement. 38
Dénombrement de la population 45
Biographie de M. Tocaben, instituteur 46
État indicatif du centime le franc 46
Rôle des quatre contributions directes 46
Suite des élèves qui ont obtenu le certificat d'études primaire. 47
Laïcisation de l'école des filles. 48
Curiosités naturelles. — Igue de Granges.—Igue des Combettes. — Igue du Vertige 48-49-51
Règne végétal 52
Météorologie 72
Elections municipales 73
Réception faite au général Castanié. 75
Conclusion. 76

Cahors. — Imp. F. Delpérier

www.ingramcontent.com/pod-product-compliance
Lightning Source LLC
Chambersburg PA
CBHW070913280326
41934CB00008B/1709